Moritz Elsaeßer

Aus der Reihe: e-fellows.net stipendiaten-wissen

e-fellows.net (Hrsg.)

Band 729

Nordkorea. Die feudale Atommacht

GRIN Verlag

Bibliografische Information der Deutschen Nationalbibliothek:

Die Deutsche Bibliothek verzeichnet diese Publikation in der Deutschen National-
bibliografie; detaillierte bibliografische Daten sind im Internet über http://dnb.d-
nb.de/ abrufbar.

Impressum:

Copyright © 2009 GRIN Verlag GmbH
Druck und Bindung: Books on Demand GmbH, Norderstedt Germany
ISBN: 978-3-656-45075-7

Dieses Buch bei GRIN:

http://www.grin.com/de/e-book/229679/nordkorea-die-feudale-atommacht

GRIN - Your knowledge has value

Der GRIN Verlag publiziert seit 1998 wissenschaftliche Arbeiten von Studenten, Hochschullehrern und anderen Akademikern als eBook und gedrucktes Buch. Die Verlagswebsite www.grin.com ist die ideale Plattform zur Veröffentlichung von Hausarbeiten, Abschlussarbeiten, wissenschaftlichen Aufsätzen, Dissertationen und Fachbüchern.

Besuchen Sie uns im Internet:

http://www.grin.com/

http://www.facebook.com/grincom

http://www.twitter.com/grin_com

Die feudale Atommacht – Eine textimmanente Erörterung

Der Zeitungsartikel „Die feudale Atommacht" von Matthias Nass, welcher 2009 in der Zeit erschienen ist, handelt von der aktuellen politischen Einstellung Nordkoreas und der daraus folgenden militärischen Bedrohung für den Rest der Welt.

Der Artikel befasst sich mit der zentralen Frage, inwiefern Nordkorea durch seine nukleare Aufrüstung und politische Führung einen gefährlichen globalen Konflikt darstellt, und wie man diesen jetzt noch möglichst unbeschadet entschärfen kann.

Der Autor beginnt mit seiner Hauptthese, der großen Unberechenbarkeit Nordkoreas, auf Grund seiner instabilen Herrschaftslage und bietet schon jetzt die aus seiner Sicht einzige Lösung des Problems.

Er beschreibt zunächst faktisch die ausgehende Gefahr dieser Situation, zum einen an den gegenwärtigen Provokationen durch die aufmerksamkeitserhaschenden Atomwaffentests, wie auch zum anderen an dem vorhergehenden historischen Spiel mit den anderen Nationen. Nach Nass Auffassung führt Kim Jong Il, der momentane Machthaber über Nordkorea, im Besonderen die Vereinigten Staat seit 30 Jahren als stetigen Antagonisten an der Nase herum; es gleicht einem stetigen Wechselspiel von Versprechungen und dem darauf folgenden unweigerlichen Brechen dieser Zusagen. Laut dem Text zeichnet sich just jedoch eine neue Entwicklung ab, wodurch die derzeitige Lage noch bedrohlicher wirkt wie zuvor. Um dies zu belegen, führt der Autor vier Gründe an:

Nach seiner Einschätzung nimmt der politische Einfluss Chinas auf Nordkorea zwar stetig ab, die wirtschaftlichen Unterstützungen werden allerdings weiterhin geleistet, da China die möglichen Konsequenzen bei fehlendem Beistand fürchtet. Diese wirtschaftlichen Handelsleistungen, auf welche die Atommacht angewiesen ist, sind laut dem Verfasser, das größte Druckmittel um der Muskelprotzerei Nordkoreas innerhalb kürzester Zeit Einhalt zu gebieten. Als zweiter Grund wird die politische Kehrtwendung Südkoreas unter Führung ihres neuen Präsidenten gegen den ehemaligen nördlichen Bruder benannt, was eine Mobilisierung der Truppen auf der gesamten koreanischen Halbinsel und eine Kriegserklärung zur Folge hatte.

Doch auch in der Innenpolitik versucht der Verfasser mit seinem dritten Grund die drohende Lage zu verdeutlichen, indem er die Instabilität der Herrschaftsfolge und die daraus folgenden Rivalitäten auf Kosten der Bevölkerung logisch abzuleiten versucht. Als viertes und letztes Argument wird schließlich die gesellschaftliche Unveränderbarkeit Nordkoreas im Gegensatz zu China angeführt, wobei der Verfasser bereits zum zweiten Mal auf die koreanische Familiendespotie hinweist. Anstatt sich der Welt zu öffnen, sieht man zu wie das eigene Volk leidet. China als Idol aus dem Weg der Isolierung ist hier wohl gescheitert und nun scheint die Zukunft ungewiss zu sein.

Laut dem Autor gibt es nur noch eine letzte Hoffnung. Die Opfer für eine militärische Befriedung wären zu hoch und so bleibt offenbar nur noch ein Weg offen um den nahen Kollaps des ostasiatischen Halbinselstaates zu verhindern: Chinas politisches Ultimatum an Nordkorea. Wieso das bisher nicht geschehen ist und wieso es auch in Zukunft nicht passiert, liegt dem Verfasser auf der Hand. Die politischen Führer auf der Welt sind wie immer paralysiert und schauen dem kommenden Vulkanausbruch unbewegt ins Auge.

Bei näherer Betrachtung des Textes, fällt besonders die Einseitigkeit des Verfassers auf. Bereits in der Unterüberschrift wird dem Leser die anscheinend einzige verbleibende Lösung präsentiert(„Nur ein Land könnte Kim Jong Il zur Räson bringen: China"), anstatt sich jedoch im weiteren Verlauf auch mit anderen Möglichkeiten auseinander zu setzen, um so die Notwendigkeit der chinesischen Sanktionen als Patentlösung zu verdeutlichen und trotzdem eine Objektivität bei zu behalten, verbleibt der Autor stur bei seiner Meinung, ohne diese abzuwiegen.

Die Argumentationsstruktur gestaltet sich sehr übersichtlich, da die Argumente in vier Gründen gegliedert vorgetragen und systematisch hintereinander aufgereiht werden, wobei zu Beginn immer die jeweilige These genannt wird. Diese Thesen werden vorwiegend durch faktische und logische Argumente verstärkt, es fehlen jedoch oft die genauen Nach- oder Beweise zur Belegung dieser Aussagen, sodass der Artikel bei näherer Betrachtung teilweise unglaubwürdig und vom Autor stark beeinflusst erscheint. Auch inhaltliche Widersprüche fallen teilweise zu Lasten der Seriosität.

So wird zum Beispiel im ersten angeführten Grund die These aufgestellt, dass Chinas Einfluss stetig abnimmt, weshalb die Lage in Nordkorea eine Bedrohung darstellt. Bereits im nächsten Satz widerlegt der Autor jedoch seine eigene Behauptung, da Nordkorea von jeher wirtschaftlich von China abhängig ist („Sie deckt zwischen 70 und 90 Prozent des Ölbedarfs und rund ein Drittel der Lebensmittelimporte…") und das Reich der Mitte noch nie einen nennenswerten politischen Einfluss in der nordkoreanischen Hauptstadt Pjöngjang besessen hat. Die Macht, die China folglich über Nordkorea besitzt, ist gerade jetzt, in einer Zeit der kommenden Ölknappheit, wahrscheinlich größer denn je.

Die einzige Alternativlösung wird nur beiläufig innerhalb eines sehr kurzen Abschnittes erwähnt und durch ein Autoritätsargument widerlegt. Allerdings ist das im Text erwähnte Gutachten von Bill Clinton bereits 15 Jahre alt und dient somit nur noch ungenügend als Beleg. Die Frage nach weiteren diplomatischen Lösungen wird ebenfalls ohne weitere kritische Auseinandersetzung vom Verfasser abgetan, mit der Begründung, dass auf diese Weise bisher keine Erfolge erzielt werden konnten.

Meiner Meinung nach ist die Intention des Autors mit seinem Artikel schwer nach zu vollziehen. Auf der einen Seite ruft er den Leser auf zu handeln und stellt das, nach seiner Meinung, einzige wirkungsvolle Konzept vor. Dieses wird jedoch weder anderen Strategien gegenüber gestellt, noch wird es überhaupt weiter erläutert. Der Verfasser spricht von einer großen Verantwortung Chinas und fordert deshalb ein Ultimatum an die nordkoreanischen Machthaber. Wie die darauf folgende Handelsblockade realisiert werden sollte und was für Folgen aus ihr resultieren, findet jedoch keinerlei Erwähnung, wodurch der Leser in seiner Unwissenheit auf der Strecke bleibt. Stattdessen verliert Matthias Nass sich zunehmend zum Ende des Artikels in populistischen Äußerungen(„[…] Brutalität und Maßlosigkeit, für die es in der heutigen Welt keinen Vergleich gibt."; „[…] Straflagern, die man guten Gewissens KZs nennen darf.") und prophezeit dem Leser schließlich die nahe Apokalypse, anstatt sich weiterhin an Fakten und objektive Berichterstattung zu halten. Ich persönlich hätte es für wünschenswert empfunden, wenn Nass auf den Versuch den Leser letztendlich mit den oben genannten Äußerungen zwanghaft zu überzeugen verzichtet und stattdessen mit einer gewissen Distanz sachlich die Situation und seine eigenen Lösungsvorschlag geschildert hätte. Leider verliert so ein Artikel mit durchaus großem Potential auf dem Endspurt an Glaubwürdigkeit.

Welche Möglichkeiten gibt es, um die gefährliche Lage um Nordkorea zu lösen?

- Militärischer Kampfeinsatz
- China zur Abwendung von NK zwingen → Embargo
- Diplomatische Versuche

Auch wenn Matthias Nass es in seinem Artikel „Die feudale Atommacht" nicht weiter erläutert, so kann man ihm sicher in einem seiner Aspekte uneingeschränkt zustimmen. Nordkorea durch einen Krieg zu befrieden, wäre, sowohl vor 16 Jahren, wie auch jetzt, ein katastrophales Unterfangen. Und auch wenn Pjöngjang, genauso wie die Vereinten Nationen in New York, immer wieder mit militärischen Sanktionen drohen, so sind sich wohl beiden Seiten der Irrationalität dieser Drohworte bewusst. Bereits 1950 zwang Kim Il Sung die UNO zu einem Kampfeinsatz, da er die Schwäche seines südkoreanischen Bruders ausnutzte und das Land mit seiner Armee überrannte. Fast 3 Jahre dauerten die nun entstandenen Gefechte und erst 1953 ließ sich Kim Il Sung zurückdrängen. Der Krieg endete in einem Unentschieden, doch die zahllosen Opfer auf der nord-, sowie auf südkoreanischer und amerikanischer Seite, haben blutige Erinnerungen hinterlassen.

Auch wenn die Koreanische Volksarmee, dank breitwilliger chinesischer und sowjetischer Unterstützung, mittlerweile mit 1.2 Million aktiven Soldaten zu einer der größten Armeen der Welt zählt, so schreckt Kim Jong Il sichtbar vor einem erneuten Kräftemessen auf dem Schlachtfeld mit dem Hauptfeind Amerika zurück.
Doch wäre so eine Invasion nicht der schnellste und beste Weg, um die tickende Zeitbombe auf der koreanischen Halbinsel endgültig zu entschärfen?
Natürlich würde solch ein Krieg viele Opfer fordern, doch wäre das nicht nur ein verhältnismäßig kleines Ärgernis im Gegensatz zu den Millionen von Menschen, die

unter der Herrschaft der Kim-Dynastie ihr Leben gelassen haben und den vielen potenziellen Menschen, die es in naher Zukunft noch verlieren werden? Gerade in unserer heutigen Zeit, wo die stetige Forderung Politik nachhaltiger zu machen im Raum steht, sollte man nicht nur die kurzfristigen Folgen beachten, sondern ebenso an die langfristigeren Auswirkung denken.

Auch wenn die wahren Ausmaße der nordkoreanischen Streitkräfte, im Besonderen in der Anzahl der nuklearen Waffen, strengstens geheim gehalten werden und man somit hierüber nur wenige, objektive Aussagen machen kann, wären die Verluste in einem neuen Koreakrieg unbeschreiblich hoch. Denn auch wenn viele Experten behaupten, dass Nordkorea im Moment nicht über militärisch einsetzbare Nuklearwaffen verfügt, so würde allein die Masse der circa 5 Millionen Reservisten reichen, um ganz Pjöngjang in einem gigantischen Friedhof zu verwandeln. Weiterhin würde mit dem Fall von Kim Jong Il und seinem Regime das ganze Land von Chaos und Gewalt regiert werden.

Das nordkoreanische Volk, welches seit Jahrzehnten durch die staatliche Propaganda gegen den Imperialismus der Amerikaner aufgehetzt wird, soll sich, im Falle einer amerikanischen Besetzung, schlagartig den früheren Feindbildern beugen und ihren ehemaligen, als Gott idealisierten „Lieben Führer" als Unmensch und verrückten Massenmörder ansehen. Die Nordkoreaner waren schon immer ein sehr patriotisches und stolzes Volk, sodass Viele eher um ihre vorhergehende, kommunistische Freiheit kämpfen würden, anstatt sich den Besatzern zu unterjochen. Ähnlich wie in Afghanistan mit den Taliban, würden sich definitiv auch in der demokratischen Volksrepublik rebellische Untergrundbewegungen bilden, die verbittert mit ihrem Leben gegen die Invasoren um ihre vergangene, gesellschaftliche Ordnung kämpfen würden.
An eine Wiedervereinigung zu einem gemeinsamem koreanischen Staat, wäre sowohl aus nord- wie auch südkoreanischer Perspektive niemals zu denken, da sich durch die mittlerweile fast schon 100 Jahre während Trennung und gegenseitigem Krieg aus dem einst homogenen Volk zwei völlig unterschiedliche Kulturen entwickelt haben.

Im Gegensatz zu Afghanistan, kann man ebenfalls nicht zu hoffen wagen, dass es Nordkorea in den nächsten Jahren wieder möglich sein wird, auf eigenen Füßen zu stehen. Dafür ist die Indoktrination des koreanischen Volkes zu effektiv und zu umfassend gewesen. Eine Widerstandsbewegung oder zumindest intellektuelle Freidenker, wie sich in der Volksrepublik China gebildet haben, die die neue Führung des Landes übernehmen könnten, ist unter dem Regime der Kims auch nicht nur im Ansatz entstanden, sodass sich bald wieder die alten Zustände eingestellt hätten. Mit der Invasion der Blauhelme würde man folglich nicht nur den Unmut der gesamten nordkoreanischen Bevölkerung nach sich ziehen, was eine Befriedung in diesem Gebiet unmöglich macht, sondern auch kriminellen Organisationen und Extremisten den Weg über die Kontrolle des Staates und der Wirtschaft frei machen, gegen die die kimschen Provokationen wie harmlose Sandkastenspiele aussehen werden.

Eine weitere Möglichkeit, die man durchaus in Betracht ziehen sollte um den koreanischen Konflikt zu entschärfen, wäre, wie bereits im oben genannten Text favorisiert, Nordkorea, durch das Verhindern weiterer wirtschaftlicher Handelsleistungen, im wahrsten Sinne des Wortes auszuhungern. Ein wichtiger Bestandteil der Lebensmittel und über drei Viertel der benötigten Ölnachfrage werden durch den chinesischen Nachbarn geliefert. Sollte die chinesische Volksrepublik diese Unterstützungen jedoch in Zukunft verwehren, würde ganz Nordkorea auf dem Trockenen sitzen.
Ohne das wertvolle Öl, würden Kim Jong Ils Streitkräfte nahezu nutzlos werden und wichtige Teile der militärischen Infrastruktur würden zusammenbrechen. Auch weitere Forschungen oder Entwicklungen an der begehrten Nukleartechnologie oder die Herstellung von Waffen, die man gewinnbringend an andere Länder verkaufen könnte, sind dann nicht mehr möglich, sodass das ohnehin mittellose Land seine einzige lukrative Einnahmensquelle verlieren würde. Ohne dieses Einkommen könnte Kim Jong Il sich weder außen-, noch innenpolitisch weiterhin behaupten, sodass er, um nicht innerhalb kürzester Zeit von seiner eigenen Regierung und seinem Militär entmachtet zu werden, unweigerlich auf die gestellten Forderungen im Bezug auf Atomprogramme und Menschenrechte eingehen muss.

Doch wie verlockend sich diese simple Patentlösung auch anhört, gäbe es in der Praxis durchaus auch einige Komplikationen, die man wohlweislich beachten sollte:

Zum Einen ist sich Nordkorea seiner Achillesferse bestimmt seit einiger Zeit bewusst, und auch wenn er scheinbar wie ein Säugling an der chinesischen Brust hängt, so wird Kim Jong Il, während seinen Waffenschiebereien in die 3. Welt, durchaus nützliche Kontakte mit Ölhändler geknüpft haben. Sollte China den koreanischen Ölhahn folglich in Zukunft zudrehen, würde dies allenfalls zu einer übergangsweisen Trockenzeit führen, die jedoch bald durch einen verbündeten Nachbarstaat, wie zum Beispiel Pakistan oder dem nah gelegenen Indonesien, kompensiert werden könnte. Auch Russland lässt sich als zukünftiger Lieferant nicht ausschließen, da es ein Embargo gegen Nordkorea grundsätzlich nicht unterstützt und sogar eine, wenn auch sehr kleine, Grenzfläche zu bieten hätte, sodass eine oberirdische Lieferung via Pipeline möglich wäre.

Diesen Ölhandel durch die UNO verbieten zu lassen, dürfte sich durchaus schwieriger gestalten, wie die Ermittlungen gegen den Waffenhandel. Öl ist nicht nur zur Aufrüstung, sondern auch für eine gesellschaftliche Infrastruktur und ein Leben außerhalb des Mittelalters unverzichtbar. Diesen Rohstoff einem Land zu untersagen, sollte sich folglich schwer völkerrechtlich vertreten lassen.

Zum Anderen ist China aus mehreren Gründen deutlich abgeneigt, so eine Handelsblockade gegen Nordkorea zu verhängen. Auch wenn man mittlerweile nicht mehr von einer chinesisch-koreanischen Freundschaft sprechen kann, so besteht immer noch ein inoffizieller Pakt zwischen den einstigen Verbündeten. Seit dem asiatischen Wirtschaftsboom fürchtet die chinesische Volksrepublik ihren gigantischen Aufschwung auf dem Weltmarkt wieder zu verlieren. Und auch wenn Nordkorea mit seinen Provokationen und Nuklearexperimenten eine zunehmende Gefahr darstellt, so ist diese doch verhältnismäßig klein, verglichen mit den Folgen einer koreanischen Eskalation: Riesige Flüchtlingsströme, die über die chinesischen Grenzen vor dem drohenden Chaos fliehen; ehemalige plündernde Truppenverbände, die Verwüstung und Zerstörung bringen und allzu patriotistische Regierungsangehörige, die

Nordkorea wird seine nukleare Macht niemals freiwillig abgeben, ohne dafür großzügige Gegenleistungen von anderen Staaten zu erhalten. Wie bereits Nass in seinem zweiten Grund erwähnte hat, besteht die einzige Einnahmequelle der demokratischen Volksrepublik im Verkauf von hochwertigen Lenkwaffen an einige Staaten der dritten Welt. Ohne diesen Export hätte auch das Regime von Kim Jong Il nicht mehr ausreichend Geld um ihren Machtanspruch außen- und innenpolitisch zu verteidigen. Die Folgen wären also nicht nur der Verlust von Druckmitteln gegenüber dem Rest der Welt und somit ein drohendes Versinken in der politischen Bedeutungslosigkeit, sondern der völlige Zusammenbruch der demokratischen Volksrepublik und der Untergang des nordkoreanischen Führungshauses. Da Kim Jong Il jedoch an solch einer Wendung nicht viel gelegen ist, bleibt ihm im Grunde nichts anderes übrig, als den Kalten Krieg weiter zu schüren und somit seine Herrschaft auch zukünftig zu festigen.

Mit militärischer Dominanz lässt sich das rebellische Nordkorea nicht mehr unterwerfen. Doch manche Politiker sehen dies als den letzten, verbleibenden Schritt, da der freundliche diplomatische Weg anscheinend in den letzten Jahren erfolglos praktiziert worden ist. Dies ist jedoch ein Trugschluss, dem sich auch Matthias Nass scheinbar in seinem Artikel anschließt(„Aber auch die Diplomatie hat bisher nichts bewirken können.").
Nachdem Bill Clinton zu Beginn seiner Regierungszeit als amtierender Präsident der Vereinigten Staaten, unter anderem durch das bereits erwähnte Dokument seines damaligen Verteidigungsministers, aber auch durch die Abneigung wieder auf dem asiatischen Kontinent ähnliche wie im Vietnamkrieg zu agieren, eine militärische Invasion auf der koreanischen Halbinsel ausschloss, nahm er Verhandlungen zu der nordkoreanischen Regierung auf. Clinton versuchte nicht zu erpressen oder zu überreden, sondern äußerte mit einem ernsthaften Angebot seinen Respekt und sein Bedürfnis, einen gelungenen Kompromiss zu finden. Im Gegenzug zu dem Stillstand

der nuklearen Anreicherung und Waffenproduktion, würde die USA dem notleidenden Staat wirtschaftliche Unterstützung leisten, welche auch nukleare Energietechnologie beinhaltete. Um die Ernsthaftigkeit seines Belangens zu verdeutlichen, schickte Clinton seine damalige Außenministerin Madeleine Albright in die Hauptstadt Nordkoreas um die diplomatischen Beziehung auch persönlich zu vertiefen.

Dieser durchaus erfolgversprechende Versuch wurde 2001 jedoch mit dem Amtsantritt von George W. Bush als 41. Präsident der Vereinigten Staaten vereitelt. Das bisherige demokratische Aufeinanderzugehen wurde nun durch ein republikanisches Alphatiergehabe ersetzt, sodass die USA nun nicht nur den Verzicht von jeglichen Atomprogrammen, sondern auch Veränderungen bei den Streitkräften und der Aufrüstung, den religiösen Zuständen und auf dem Gebiet der Menschenrechte forderte. Erst wenn diesen Forderungen erfüllt werden, würde es weitere Zugeständnisse oder Verhandlungen von amerikanischer Seite geben.

Als Kim Jong Il daraufhin nicht auf diese Provokationen einging, setzte Bush 2002 den Schurkenstaat Nordkorea, zusammen mit dem Iran und dem Irak, auf die amerikanische Liste „Achse des Bösen", auf der globale Terroristenstaaten und Bedrohungen des Weltfriedens verzeichnet werden.

Die diplomatischen Beziehungen der letzten 16 Jahre waren also nicht grundlos ohne nennenswerte Errungenschaften verlaufen, sondern von einer Zeit der politischen Wankelmütigkeit und zwei widersprüchlichen Extremen gekennzeichnet. Clintons Zuckerbrotstrategie und Bushs konträres Peitschenkalkül haben die Propaganda der demokratischen Volksrepublik nur noch angeheizt und somit die Situation weiterhin verschlimmert.

Vor diesem Scherbenhaufen steht nun Barack Obama und es wird bestimmt keine leichte Aufgabe, diesen wieder in eine ansehnliche Form zu bringen. Er befindet sich vor der Entscheidung zwischen den diplomatischen Taktiken seiner Vorgänger und muss nun aus dieser Vergangenheit das Vorgehen für die nächsten Jahre bestimmen. Doch Obama versteht anscheinend die nordkoreanische Sprache der Politik.

Rechtzeitig zum Wechsel im weißen Haus behaupten sich Kim Jong Il und sein Atomwaffenprogramm stärker denn je. Denn wie stark sich Nordkorea auch von seiner Umwelt isoliert, so ist es doch stetig abhängig von den Zusprüchen und

Hilfeleistungen der anderen Länder. Mit den Kernwaffenexperimenten und dem Abschuss einer Trägerrakete im Mai und April testet die demokratische Volksrepublik folglich nicht nur die Haltung des neuen amerikanischen Präsidenten, sondern verschafft sich auch die Möglichkeit im Austausch gegen Frieden später finanzielle und wirtschaftliche Unterstützung zu fordern.

Doch anstatt sich auf dieses erneute Katz und Maus Spiel einzulassen, reagiert Obama auf die neuen Drohung besonnen